AF242972

DISCOURS

Prononcé le samedi 8 mai 1875

DANS UNE RÉUNION PRIVÉE A BELLEVILLE

PAR

M. RAOUL DUVAL

Membre de l'Assemblée nationale

———

Prix : 15 centimes

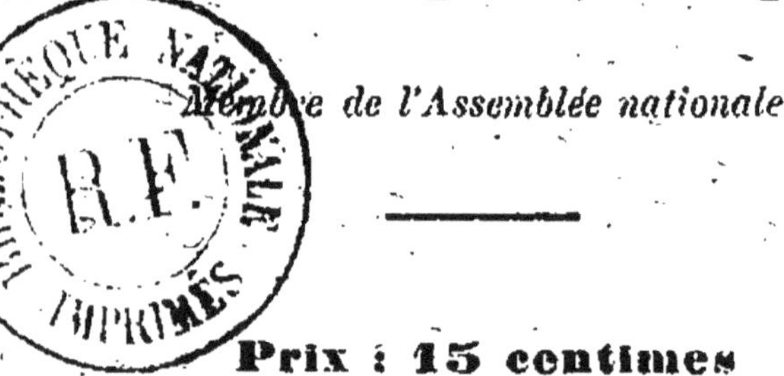

PARIS

E. LACHAUD ET Cⁱᵉ, ÉDITEURS

4, PLACE DU THÉÂTRE-FRANÇAIS, 4

—

1875

DISCOURS

Prononcé le samedi 8 mai 1875

DANS UNE RÉUNION PRIVÉE A BELLEVILLE

PAR

M. RAOUL DUVAL

Membre de l'Assemblée nationale

La réunion a eu lieu dans un vaste atelier appartenant à M. Guillaume, fabricant. Environ douze cents personnes y assistaient.

La séance a été ouverte à huit heures un quart. En prenant possession du fauteuil, M. Frédéric Lévy, appelé par acclamation à la présidence, a prononcé l'allocution suivante :

Depuis la guerre et la révolution qui a profité de nos désastres, le commerce parisien auquel nous appartenons pour la plupart a vécu au jour le jour, sans pouvoir ressaisir cette confiance dans le lendemain, sans laquelle tout est précaire chez un peuple. Nos affaires, vous le savez, se règlent à des échéances variant avec les habitudes spéciales à chaque négoce ; et pour le commerce si considérable de l'exportation, suivant les contrées qu'approvisionne le travail de Paris. A affirmer sous quel régime net et précis nous vivrons dans trois ou six mois, il y aurait une présomption qui nous force à la prudence.

Nous avons vu depuis quatre ans notre régime économique menacé par une tentative de retour à un passé dont se souviennent, pour redouter ses capricieuses entraves, les plus vieux d'entre nous.

Politiquement, nous avons vécu dans l'instabilité. Des embryons de Constitution se sont presque annuellement succédé, et si nous nous sentons matériellement protégés contre le désordre de la rue, nous n'entrevoyons pas encore l'ordre dans les esprits, la clairvoyance du lendemain, la fin de notre isolement en Europe.

Nous avons été, il y a quelques semaines, surpris par le vote inattendu d'une nouvelle Constitution, républicaine dans son titre, mais peu compréhensible au point de vue des effets qu'elle est susceptible de produire.

Désireux de nous éclairer, de rechercher le meilleur moyen d'atteindre cette stabilité commerciale et politique dont la France a si grand besoin, nous nous sommes adressés à vous, monsieur, qui avez su prendre parmi nos représentants une position aussi patriotique qu'indépendante. Nous vous remercions d'avoir répondu à notre appel et de vouloir bien nous aider en nous indiquant, si vous le croyez pouvoir faire, la conduite à tenir en vue de ce renouvellement intégral de la représentation nationale, attendu depuis assez longtemps et annoncé comme prochain par les organes de presque tous les partis. (Vif mouvement d'approbation. — Applaudissements.)

Discours de M. Raoul Duval :

MESSIEURS,

Permettez-moi, tout d'abord, de vous remercier de l'accueil plus que sympathique que vous venez de faire aux paroles infiniment trop flatteuses pour moi de notre honorable président.

Je suis profondément touché de l'honneur que vous me faites et du témoignage de haute estime que vous me donnez en accordant à mon sentiment personnel quelque valeur, en d'aussi graves questions ! L'invitation que j'ai reçue de vous est bien la plus encourageante des récompenses du peu que j'ai fait pour défendre avec la stabilité commerciale ce grand principe de la souveraineté nationale que nous avons vu renier par beaucoup de ceux qui s'en prétendaient les apôtres ! (Vifs applaudissements.) Depuis quatre ans que je siége dans les conseils de la nation, je puis le dire hautement ici, pas un acte, pas un vote, pas une parole n'ont eu, de ma part, d'autre but que d'assurer à la volonté de la nation sa libre, sincère et complète expression. Les événements de ces dernières années m'ont fortifié dans la conviction que, sans elle, on ne fondera rien qui puisse durer. — Les partis pourront élever de fragiles édifices, et les décorer de tout le luxe constitutionnel qu'il leur plaira, mais rien ne sera solide que ce qui s'élèvera sur la large base du suffrage universel librement et sincèrement consulté. (Applaudissements.)

Je suis particulièrement heureux de l'accueil qui m'est fait ici. C'est avec intention que je dis *ici*, car il y a long-temps que j'ai appris à connaître le Paris qui travaille, et à suivre avec passion le développement de sa prospérité. (Applaudissements.) J'étais alors un tout jeune homme ; c'était en 1848 et en 1849. Vous savez quelles perturbations la Révolution venait d'apporter dans votre commerce et votre industrie. La misère, qui toujours prépare les grandes commotions politiques, était effroyable à Paris. La chambre de commerce voulut se rendre compte de la situation de cet immense marché du travail parisien ; l'enquête à laquelle elle fit procéder est restée un des plus beaux et utiles monuments de la statistique. Elle se faisait sous la haute direction d'un de mes oncles, M. Horace Say, un Parisien qui aimait passionnément son Paris ; je lui dois de m'être, pour la première fois, senti bon à quelque chose. (Très-bien !)

Si nous vivions en des temps ordinaires, je restreindrais les explications que vous voulez bien me demander aux questions qui touchent à la politique commerciale. Dans un pays dont les institutions auraient vieilli, elles suffiraient largement comme terrain électoral, et je vous convierais à entreprendre, pour la défense des franchises commerciales, qu'un cultivateur de chez moi appelait si justement « la camaraderie du commerce » (Nouveaux applaudissements.) une lutte analogue à celle qui, de l'autre côté du détroit, a immortalisé le nom de Richard Cobden.

Je vous retracerais les résultats bienfaisants qui ont vite fait oublier les difficultés et les souffrances de la période de transformation ; nos exportations triplées, le bien-être pénétrant partout et la misère reculant devant le développement du travail. Je vous rappellerais par contre les désastreux effets de cette tentative de retour vers les vieux us et coutumes de la politique d'isolement qui s'est appelée l'impôt des matières premières, et dont on retrouve comme un regret voilé dans la dernière circulaire de M. le ministre du commerce.

Vous n'avez pas oublié l'encombrement artificiel des entrepôts. Les spéculateurs, comptant bénéficier pour une large part de l'élévation de prix qu'allait amener l'impôt, ont fait affluer de toutes parts la marchandise à mettre en œuvre.

Vainement quelques bons esprits s'efforçaient de faire comprendre que cet impôt, fatal en lui-même, était, de plus, inapplicable. Le Gouvernement s'entêta, et l'impôt fut voté.

Vous savez ce qu'il vous en a coûté ;

vos affaires, longtemps hésitantes, vos produits temporairement plus dépréciés par la baisse de la matière fabriquée qu'accrus par la plus-value du travail, et par suite la main-d'œuvre forcément avilie! — Voilà ce que vous avez souffert, vous tous, Messieurs, industriels commerçants et ouvriers de Paris. (C'est vrai! Très-bien!)

Il est bon que vous le sachiez, le vote du 26 juillet 1872 a été un vote tout politique. Vous apprendrez ainsi qu'il est des hommes capables de compromettre le bien-être de tous pour la stérile satisfaction d'inscrire en tête d'une constitution leur vocable préféré.

Si MM. Dietz-Monin, Louvet, Drouin, Tirard et la plupart de ceux de vos représentants qui vivent du travail ont fait taire leurs préférences devant les intérêts sacrés, vous vous rappellerez que presque tous ceux qui se sont fait de la politique une carrière à peu près exclusive, MM. Brisson et Gambetta en tête, ont voté l'impôt des matières premières et l'atteinte portée à la liberté commerciale. (Bravos et applaudissements.)

Une voix: Voilà ce qu'on ne nous avait jamais dit!

M. Raoul Duval: Notre honorable

président rappelait tout à l'heure tout ce que contient de redoutable pour le commerçant ce simple mot d'échéance ! — Les hommes politiques, qui font si bon marché de la sécurité de vos prévisions, n'ont donc jamais compris quelles tortures, pires cent fois que celles de la misère, impose au commerçant l'angoisse de l'échéance qui n'est pas assurée ! Ils ne sentent donc pas combien on a relevé la dignité du commerce quand on a solidarisé l'honneur du commerçant avec sa signature ! (Applaudissements). Ils vous ont oubliés ! vous vous souviendrez ! (Applaudissements.)

Je vous conjure de ne donner un mandat législatif qu'à des hommes pénétrés des saines idées économiques, que le gouvernement de l'empire a d'autorité inscrites, et pour toujours, au frontispice de notre législation commerciale. (Applaudissements). Ç'a été son plus grand acte politique ; car ce jour-là, messieurs, il était certainement fort en avant de l'opinion publique et des mœurs, peu libérales alors, il faut bien l'avouer, de notre commerce et de notre industrie.

Dans la circulaire à laquelle j'ai déjà fait une rapide allusion, M. le ministre du commerce vous demande si nous devons renouveler les traités arrivés à leur terme ou sur le point d'expirer. Aujourd'hui je réponds, sans hésiter, oui ! Je dis aujourd'hui, car j'aurais été moins affirmatif il y a quelques années ; mais j'ai perdu bien des illusions depuis que je suis entré dans la vie politique, et les événements m'ont démontré que l'expérience n'éclaire pas tout le monde ; l'usage qu'on a tenté de faire de cette liberté des tarifs, qui me paraissait préférable au régime des traités, m'a appris qu'il est bon d'être gardé par ses engagements mêmes contre ses entraînements.

Nous n'avons été sauvés du retour à la vieille politique d'isolement, que parce que les nations, avec lesquelles nous avions contracté, nous ont nettement signifié que, s'il nous plaisait de nous entourer d'une sorte de muraille de la Chine, il était libre à nous de le faire, mais qu'elles n'avanceraient pas d'un jour le terme des traités qui les garantissaient contre une pareille politique !

Ce jour-là, Messieurs, les nations voisines ont agi, comme disait mon brave cultivateur, en bonnes camarades. Elles nous ont évité, permettez-moi de le dire, une bien grosse et coûteuse folie. (Applaudissements).

Exigez donc des candidats qui solliciteront vos suffrages, qu'ils se montrent favorables au renouvellement des traités, et pour ceux qui, après avoir inscrit la liberté commerciale dans leurs professions de foi antérieures, l'ont reniée par leurs votes, répondez sans hésiter : Arrière ! hommes de peu de foi ! J'avais mis ma confiance en vous et vous l'avez trompée ! je ne vous connais plus ! (Bravos et applaudissements répétés.)

Pour en finir avec cet ordre d'idées, il me reste à rappeler à ceux d'entre vous qui vivent de leur travail quotidien l'immense bienfait de cette liberté du commerce des grains qui, si elle ne peut empêcher les années de cherté, a du moins supprimé la famine. Nous ne la reverrons pas plus que ces échafauds de Buzançais, qui me rappellent les souvenirs de ma jeunesse. Désormais, il y aura toujours en France du pain pour toutes les bouches, et il faut l'oublier pour ne pas éprouver des besoins de justice à l'égard du régime politique auquel la France est redevable d'un pareil bienfait. (Acclamations prolongées.)

Malheureusement nous ne sommes pas dans ces conditions de stabilité politique dont je parlais en commençant. Avec des institutions à peine ébauchées, sans croyance au lendemain, la France s'engourdit dans la sécurité matérielle de l'heure présente. Dangers de l'intérieur, menaces de l'extérieur; il est si tentant pour notre caractère d'oublier tout cela et de vivre dans l'imprévoyance du réveil ! Vous ne m'en voudrez pas si l'examen de notre situation, auquel vous voulez bien m'inviter à me livrer avec vous, aboutit à troubler cette quiétude, plus dangereuse à coup sûr pour la France que toutes les passions qui la menacent. Elles ont appris à se dissimuler sous un manteau de modération qu'il importe d'écarter, pour que l'on puisse voir ce qu'il y a au fond de ce contrat — qui tient toujours !

Pour bien comprendre l'heure présente, et pouvoir, avec quelque sûreté de vue, regarder dans l'avenir, il n'est pas de meilleur procédé que de faire un retour vers les années que nous venons de vivre ; le chemin parcouru nous donnera l'idée du chemin que nous pouvons parcourir, et, si nous savons discerner les fautes commises, nous ne les recommencerons pas. Permettez-moi donc, messieurs, de vous faire suivre ce que j'appellerai les étapes du pouvoir ; je le ferai assez rapidement pour ne pas lasser, j'espère, votre attention.

Je ne remonterai pas au delà de la révolution de Septembre, et encore n'en dirai-je qu'un mot. Vous êtes trop bons Français, trop sincèrement patriotes pour ne pas mépriser, autant que je le fais, la révolution faite en face de l'ennemi. (Acclamations et bravos redoublés.)

Plusieurs voix : Par des lâches et des traîtres.

M. Raoul Duval : Dès le lendemain, un double courant s'établissait dans le Gouvernement même, entre ceux de ses membres qui voulaient profiter du succès de l'émeute et de la guerre pour républicaniser la France quand même, et ceux qui, plus patriotes, ne considéraient le pouvoir en leurs mains que comme un dépôt à restituer le plus tôt qu'il se pourrait faire.

Ces derniers ont naturellement succombé, et je n'oublierai jamais le ballon qui nous apporta, avec le fatal décret arrachant de nos mains le bulletin de vote qui allait rendre la France à elle-même, ce dictateur qui devait nourrir Paris d'illusions jusqu'à ce que vous eussiez dévoré votre dernier morceau de pain, et acculer la France à la discrétion du vainqueur. (Applaudissements.)

Les élections du 8 février 1871 doivent être le véritable point de départ de notre revue rétrospective. La publication récente des dépêches du gouvernement révolutionnaire vient de révéler qu'elles avaient été dans beaucoup de départements infiniment moins libres et moins sincères que je ne l'avais supposé. La mesure dictatoriale de M. Gambetta, punissant par l'inégibilité la plupart des hommes qui, pendant vingt ans, avaient servi la France, a reçu une large et persistante application.

Dans leur ensemble, toutefois, les élections étaient l'expression du sentiment national. J'en parle bien à mon aise, je ne suis pas des élus du 8 février. L'esprit public réagissait contre les deux gouvernements qu'il associait alors dans une commune responsabilité de nos malheurs : l'Empire et la République. On cherchait des hommes paraissant libres d'engagements. On n'avait pas le temps de faire la lumière, il fallait conclure et assurer la paix, autant que possible réserver l'avenir sur lequel on n'avait pas le loisir de se concerter et de s'entendre.

Parmi les représentants qui se réunirent à Bordeaux, les regards se tournaient particulièrement vers M. Thiers, qui a rendu de trè -grands services à notre pays. (Légères rumeurs.) Oui, messieurs; s'il avaiteu le tort d'entraver les patriotiques prévoyances du maréchal Niel, il avait du moins essayé de conjurer la guerre. Il y fallait alors un réel courage; car il me souvient encore du courant d'opinion qu'il dut braver et des cris « A Berlin ! » de ceux qui ne devaient jamais se battre ! (Applaudissements.) M. Thiers est, à la presque unanimité, élu chef du pouvoir exécutif de la République française. Ce titre réservait presque tout : sans l'adopter en principe, il ne repoussait pas la qualification gouvernementale en usage lors de la réunion de l'Assemblée.

Le jour même, il traçait, à la tribune, le programme politique qu'on a, depuis, appelé le pacte de Bordeaux ou la trêve des partis :

« En acceptant le pouvoir, disait-il ce
« jour-là, je n'éprouve qu'un sentiment :
« celui de l'obéissance immédiate, abso-
« lue à la volonté du pays... Quand il
« aura recouvré ses libertés, il verra
« comment il veut vivre. »

Le but était nettement indiqué ; l'échéance, c'était l'évacuation du territoire;

le moyen pratique pour l'atteindre, c'était d'unir toutes les honnêtetés et toutes les bonnes volontés, en ne demandant à aucune conscience le sacrifice d'aucune conviction, d'aucune sympathie ! Forcément, il fallait, pour se maintenir à ces patriotiques hauteurs, abréger autant que possible la durée de l'épreuve.

— Hélas ! c'était trop beau, trop exclusivement français pour les partis que le courant d'opinion du 8 février avait portés en avant sur le chemin du pouvoir !

On ne put même pas attendre que l'Allemand fût parti ; au fur et à mesure que le maintien aux affaires d'une partie des hommes de septembre éveillait les défiances, on essayait de faire faire sournoisement un petit pas en avant à la République, sans s'occuper, bien entendu, de la volonté du pays. Préparée par tous les ménagements oratoires, toutes les décevantes habiletés des rapports — un pavillon qui couvre souvent d'assez vilaines marchandises (Rires et applaudissements) — le 31 août 1871, l'Assemblée votait cette façon de statut, mi-parti personnel, mi-parti constitutionnel, qu'on appelait, s'il vous en souvient encore, la constitution Rivet. (R M. Thiers changeait de titre : il devenait résident de la République ; ses pouvoirs devaient durer autant que l'Assemblée ; son ministère avait une responsabilité différente de la sienne.

Quand on eut le temps de se reconnaître sur le caractère et les conséquences de cette Constitution au petit pied, votée, comme presque toutes les mesures du principat de M. Thiers, à la dernière heure d'une longue session, force fut aux conservateurs de s'avouer que le pacte de Bordeaux n'avait pas été précisément respecté.

Eh bien ! messieurs, l'habileté a tourné précisément contre les habiles. Il y a, dans le parti républicain comme dans tous les autres, deux éléments : un élément honnête, qui aspire à la liberté et se complaît dans les espérances grandioses, en théorie, de la forme républicaine ; l'autre forme la queue du parti : ardent, tourmenté d'une inquiétude qui tient souvent au tempérament, plus souvent à des appétits malsains qui le poussent à conquérir par la violence, quand il n'espère pas les obtenir de mesures législatives, ces jouissances matérielles dont il est affamé. (Bravos et applaudissements.) Il crut avoir place gagnée. A ses yeux, la côte était montée : on pouvait dételer et se préparer à jouir. Les aspirations domptées par la victoire de mai prirent un corps, elles s'appelèrent Barodet. (Mouvement.)

La France se revit en face de la vraie République ! La conservatrice, cette république bourgeoise et modérée qui cherchait à ressembler au gouvernement de Louis-Philippe (Rires), n'était plus qu'un transparent qui laissait apercevoir la revanche de la Commune ! Il y eut un soulèvement d'opinion, et l'Assemblée, se sentant poussée par elle, vota le 24 mai 1873. Au nom que la démagomanie venait de lui jeter en défi, elle opposa celui du soldat qui avait écrasé la Commune ! (Acclamations enthousiastes et redoublées.)

Jamais plus fière réplique ne fut donnée ! Elle devait, hélas ! demeurer stérile. Les hommes auxquels fut alors confié le pouvoir n'avaient, pas plus que ceux qui venaient d'en tomber, la patriotique abnégation nécessaire pour féconder l'acte qui venait de s'accomplir.

Les premiers jours, il ne fut question que du pacte de Bordeaux ; il était sur les lèvres de tout le monde : il suffisait de le rappeler pour soulever les enthousiastes applaudissements de l'Assemblée. (Rires.)

On avait barré la route à la tentative

d'implanter un gouvernement qui ne fût pas *voulu* par le pays. La libération était proche, la France allait retrouver ses libertés, comme disait M. Thiers en 1871 ; rien n'empêchait de connaître sa volonté.

On aurait alors bien surpris l'opinion publique et les votants du 24 mai eux-mêmes, si on leur eût dit que, moins de deux ans plus tard, il n'y aurait rien de changé que le nom du chef du pouvoir, et que le gouvernement issu du 24 mai conduirait l'Assemblée, je ne dis pas le pays, à accepter ce qu'elle venait de repousser.

Il me reste à vous faire comprendre comment on a pu si rapidement descendre cette pente et à vous raconter la politique de haines infécondes qui a seule produit un pareil résultat.

Ce que les républicains avaient tenté pour la République, les royalistes ne devaient pas tarder à le recommencer pour la monarchie.

Au bout de quelques semaines, si on parlait encore du pacte de Bordeaux, on travaillait à une solution monarchique, sans s'occuper de la volonté du pays, beaucoup plus que ne l'avaient fait MM. les républicains. Vous vous rappelez les tentatives de restauration qui ont suivi la soumission du chef de la dynastie d'Orléans.

Après la fusion des familles, il fallait opérer la fusion des deux partis, et c'était plus difficile (On rit), parce qu'il fallait accorder des principes, que j'honore profondément, quoiqu'ils ne soient pas les miens, avec des intérêts que je n'honore pas du tout. (Applaudissements et rires.)

Les négociations devaient fatalement échouer, et vous avez mémoire de l'éclatante rupture qui précéda la rentrée de l'Assemblée.

Pour mon compte personnel, messieurs, je me suis alors prononcé pour la consultation directe et aussi prompte que possible du peuple français sur le choix de son gouvernement. Quatre-vingt-sept de mes collègues, pris dans tous les rangs, s'unirent pour l'adoption de ce mode si simple et si loyal de connaître les préférences du pays et sa volonté.

Après le rejet de notre proposition d'appel au peuple, fidèle à la politique dont je suis résolu à ne pas m'écarter, le jour où les Allemands ont quitté le sol de la France, j'ai proposé et poursuivi la dissolution, pour permettre au pays de faire prédominer sa volonté. (Applaudissements.)

Si on avait suivi cette politique, nous aurions aujourd'hui un gouvernement vraiment définitif ; nous pourrions connaître notre lendemain et y travailler avec sûreté.

Si je n'avais pas été le témoin de ce qui s'est fait depuis le 24 mai 1873, j'en serais encore à me demander quels motifs ou quels préjugés en ont pu détourner les honnêtes gens de l'Assemblée.

Pour la première fois depuis que nous avons ouvert la série de nos révolutions, la France était libre de choisir. Il ne s'agissait pas de ratifier un fait accompli ; point de question captieuse, pas de gouvernement qu'on pût suspecter de vouloir peser sur l'expression de la conscience publique !

République, Empire, Royauté ? Est-ce que chacun en France ne sait pas ce que cela peut vouloir dire ? (Applaudissements.) Est-ce que vous nommerez vos députés autrement que pour avoir la République, l'Empire ou la Royauté ? Cela se compliquera bien un peu de sympathies ou de répulsions individuelles ; partant ce sera moins sincère. N'eût-il pas été beaucoup plus simple d'interroger les électeurs sans mêler les questions de personnes aux questions du gouvernement ?

Il y a bien peu d'hommes pour lesquels il existe autre chose dans la politique que des intérêts ; nous avons vu les mêmes hommes qui avaient trouvé la forme plébiscitaire parfaite pour obtenir votre confiance pendant le siége, et M. Gambetta, qui, le 5 avril 1870, devant le Corps législatif, partisan résolu du plébiscite, ne trouvait pas assez largement posées les questions à soumettre au peuple, ouvrir la série des démentis qu'ils se sont, depuis, si libéralement donnés, en refusant leur vote à la grande consultation nationale qui leur était proposée. (Bravos et rires.)

A part quelques hommes de principes, la majorité qui l'a repoussée se croyait plus sage que la nation ; elle pensait pouvoir limiter le choix de la France.

Tout comme les républicains avaient fait la Constitution Rivet pour *insinuer* la République, les monarchistes du centre droit imaginèrent le Septennat comme antichambre de la monarchie à leur profit. (Rires.)

Ils se crurent alors pour sept ans de pouvoir entre les mains, et, avec la modestie bien connue des doctrinaires (Nouveaux rires), ils se dirent que rien ne leur devait être plus facile que de barrer le chemin à la République et de faire oublier l'Empire.

Contre la République, ils avaient le pouvoir; contre l'Empire, il suffisait de lui prendre ses procédés. Il fallait que la candidature officielle fût toute puissante qu'ils n'avaient pas su en triompher. Ils la ressuscitèrent, et..., avec le succès que vous savez. (Hilarité générale.)

Quelques voix: Pas un! Néant!

M. Raoul Duval: Ils convièrent le suffrage universel à la haine de l'Empire, oubliant que ce qu'il y avait de plus sain, de plus laborieux en France, n'avait connu que l'Empire et sa prospérité, la République et les désastres dont elle était née et qu'elle avait multipliés. (Applaudissements.) Tous ces honnêtes gens, qui voulaient bien s'unir pour faire de l'ordre, se séparèrent d'eux quand ils les virent se concerter dans une haine commune avec les révolutionnaires émancipés par l'émeute de Septembre. (Acclamations.)

A chaque avertissement du suffrage universel, au lieu de s'appliquer à conquérir moralement la France, qui se retirait d'eux, ils ont voulu la contraindre.

Après ces échecs parallèles, après ces démonstrations répétées de leur impuissance alternative, ils n'ont plus eu d'autre pensée que de gagner la France en vitesse, en choisissant pour elle un gouvernement. Ces haines, qui se haïssaient entre elles, se sont rapprochées pour haïr en commun! Elles ont comploté, en se cachant dans la nuit, la Constitution du 25 février. (Sensation prolongée.) Cette œuvre de renoncement à tous les principes antérieurement proclamés, dans lequel le sacrifice de toutes les prétendues convictions des jours d'opposition a servi de gage aux désertions réciproques, a été votée en silence, sans qu'on daignât donner à la France un mot d'explication. (Bravos et applaudissements redoublés.)

On ne nous a pas même permis de lire, avant de les discuter, ces articles hâtivement rédigés, à nous que vous aviez constitués les gardiens de vos droits.

Quand je m'acharnais inutilement à les défendre, je ne pouvais même pas obtenir le scrutin qui permît au suffrage universel de reconnaître les siens!

Une voix : Le pays ne vous oubliera pas!

De tous côtés : Non! non! jamais!

M. Raoul Duval. — Devant les

royalistes sincères, humiliés de la conduite de leurs anciens alliés, et les rares partisans de la souveraineté nationale, s'est contractée l'alliance de toutes les restrictions mentales. — Du centre droit à la gauche, on s'est tendu la main, chacun nourrissant, grâce au croc-en-jambe de la révision, l'espoir de coucher son voisin et ami dans le fossé qui, à droite comme à gauche, borde le chemin où l'on s'est engagé d'un si touchant accord. La France, messieurs, y déposera délicatement les uns et les autres, et marchera droit devant elle pour s'assurer l'avenir. (Applaudissements et rires.)

Une pareille façon de constituer n'était point faite pour gagner la conscience publique. A peine le vote du 25 février était-il émis que le mot de révision était monté du cœur des contractants aux lèvres de tout le monde. (Sensation.)

On s'est passé de la volonté nationale, et jusqu'à ce qu'elle ait prononcé, il est à craindre que tous les définitifs légaux ne soient qu'incertitude et provisoire.

On le comprend à Belleville aussi bien qu'à Versailles, et c'est d'un œil soupçonneux que les mandants ont suivi leurs mandataires dans les douteuses menées que je viens de rappeler.

Il faut ajouter aussi que, pour le bon sens populaire, cette Constitution singulière est « un bloc enfariné qui ne lui dit rien qui vaille. » On n'a vu nulle part, dans aucun pays, en aucun temps, sous aucune latitude, fonctionner une République de cette sorte. Examinons donc les garanties d'ordre et de sécurité que nous trouvons dans cette constitution nouvelle. En mon âme et conscience, elles se réduisent à néant. Elles valent juste ce que vaudra le président de la République.

On vous expliquait, il y a quelques jours, le procédé choisi pour sa nomination par les deux Chambres ! Mais on glissait discrètement sur ce droit qu'il a de dissoudre les mandataires du pays, ceux-là dont lui-même tiendra son pouvoir. Cela ne s'est jamais vu dans aucune République ! Et l'auditoire, abusé, applaudissait de confiance !

Ce qu'on ne disait pas au suffrage universel, c'est que ce pouvoir est sans limites, et que s'il vient à tomber aux mains de quelque révolutionnaire, habitué à faire de la volonté de la France le cas que vous savez, la France pourra rester six ans sur sept, sans représentation nationale, pendant lesquels vous vivrez sous l'arbitraire et le bon plaisir, et c'est là ce qu'on appelle la liberté ! (Applaudissements et rires.)

Pour compléter le tableau des garanties offertes à notre liberté, n'oubliez pas que, dans notre pays, organisé pour la monarchie, le chef de l'Etat est investi du droit de nommer, du haut en bas de l'échelle, tous les fonctionnaires auprès desquels vous avez l'habitude d'aller chercher aide et protection, les magistrats investis du redoutable droit de poursuivre, et, ce qui est plus grave encore, les juges de votre honneur et de vos intérèts !

Figurez-vous bien ce que produirait l'emploi de milliers de fonctionnaires nommés spécialement pour assurer la réélection du chef même du pouvoir, et vous aurez une légère idée de ce qui restera de cette liberté dont on inscrit le nom sur les murs, la veille du jour où les murs doivent flamber ! (Bravos redoublés.)

Passons au Sénat. Tel qu'il est composé, c'est encore quelque chose de tout à fait anormal dans une République, de plus anormal encore dans une démocratie, ce qui n'est pas du tout synonyme. (Rires.)

Ici le rôle des *élus* est inférieur à celui des *choisis*, car il y a deux ordres de sénateurs, et, chose singulière, moins directement ils se rattachent au suffrage universel, plus on leur attribue de durée et, partant, d'autorité. Il y en a soixante-quinze qui seront sénateurs jusqu'à leur belle mort, et l'Assemblée prendra la peine de les nommer pour vous. Comme vous pourriez vous tromper dans le choix des vôtres, vous aurez la faculté de recommencer tous les six ans. (Hilarité générale.)

Je dis vous, c'est une façon de parler, car il y a fort à parier que pas un de vous ne fera partie du corps électoral chargé de les nommer.

La conception est vraiment le chef-d'œuvre du genre! Il y a en France un peu plus de huit millions de citoyens. Pour nommer le Sénat, investi du droit de participer à la dissolution des mandataires du suffrage universel, il y aura 42,000 électeurs, un peu moins qu'en Belgique. (Rires.)

Comme si cette Constitution singulière, votée par les républicains pour la seule satisfaction d'avoir le vocable de la République, avait été faite en haine de l'électeur, on l'oblige à porter son vote au chef-lieu de département — et à ses frais. Il paraît cependant qu'on aura su que cela n'était pas d'un effet excellent, puisqu'on songeait, dit-on, à demander, ce qu'on a refusé, quand je le demandais moi-même, de les indemniser.

Ce ne serait que juste ; mais il eût été plus simple d'économiser la dépense en les laissant, comme je l'ai vainement proposé, voter au chef-lieu de leur canton.

Oui, mais on ne les aurait pas au chef-lieu du département, loin de leur famille, loin de leurs amis, sous la main et à la discrétion, on l'espère (sauf mécompte), du préfet. C'est, sans doute, avec l'arrière-pensée que ce pourra être bientôt quelque commissaire plus ou moins extraordinaire qu'on ose célébrer cette conception comme la plus démocratique des conquêtes républicaines. (Bravos.)

Je sais bien que mon collègue, M. Gambetta, se console de ces soixante-quinze sénateurs d'ordre majeur en pensant que pas un seul ne sera bonapartiste ! Eh bien ! chacun comprend le patriotisme à sa manière. Quand même M. Gambetta et tous ses amis devraient être exclus des prochaines Assemblées électives, je ne me consolerais pas, moi, si elles n'étaient pas composées pour le mieux des intérêts de la France ! (Applaudissements.)

Le peuple voit bien tout ce qu'on a sa-

crifié de ses droits. Il n'entrevoit pas
bien ce qu'il a gagné. Il se souvient du
temps où M. Gambetta protestait à la tribune contre la constitution de ce Sénat,
« précaution prise contre la France par
« ceux qui nourrissent de mauvais des-
« seins contre le suffrage universel. »
(Applaudissements prolongés.)

Est-ce autre chose aujourd'hui qu'une
précaution contre la France ? A qui donc
espère-t-on faire croire que l'on aurait
voté la constitution du 25 février si les
électeurs de la Nièvre, du Calvados, de
l'Oise et des Hautes-Pyrénées avaient en-
voyé à la Chambre des monarchistes ou
des républicains ?

Il faut bien expliquer de pareilles
choses, et vous venez de voir mon collègue, M. Gambetta, tenter l'aventure.

Une voix : Un crapaud qu'il voulait
nous faire avaler. (On rit.)

M. Raoul Duval : Vous l'avez entendu peut-être, où vous l'avez lu. Mais
alors, qui donc trompe-t-on ? Sont-ce les
républicains à Belleville ?

Si ce sont les républicains, si c'est le
suffrage universel qui doit payer les frais
du contrat, je vous promets que tant que
ces lèvres pourront prononcer une parole,

je défendrai vos droits avec la plus in-
domptable énergie. (Acclamations prolongées qui forcent l'orateur à s'arrêter
pendant quelques minutes.)

Si ce sont les orléanistes qui sont trom-
pés, il faut écarter le voile de feinte et
fausse modération qui dissimule le contrat
sur les clauses duquel M. Gambetta a évité
de s'expliquer, préférant, avec ses initiés,
s'entendre à demi-mot.

A côté de choses fort acceptables, il
contient, avec des projets d'impôts, sus-
ceptibles d'arrêter la richesse en voie de
formation, de véritables mesures de com-
pression. Je veux l'instruction aussi largement répandue que possible, gratuite
pour ceux qui ne peuvent pas la payer,
obligatoire, car je ne reconnais pas au
père de famille le droit de condamner son
enfant à l'ignorance; mais précisément
parce que je veux l'Etat laïque je ne lui
reconnais pas le droit de s'ingérer dans
les questions de conscience! Or, choisir
pour vous l'éducateur de vos enfants c'est
pis que vous prendre votre argent, car
vous êtes seuls responsables de leur avenir
et vous aimez cent fois mieux faire de
votre fils un honnête homme que de lui
donner du pain. (Bravos et acclamations.)
Dans ce programme, vous trouvez égale-

ment la suppression des armées permanentes, dont on évitait de parler, parce qu'on prévoit bien qu'après les désastres, qui nous ont abattus, votre patriotisme se soulèverait contre la persévérance en une pareille utopie! (Bravos!)

L'amnistie, que la faiblesse de la répression envers les chefs épargnés rend impossible aujourd'hui! elle n'aurait d'autre effet que de rendre à ceux qui la réclament un peu de cette popularité qu'ils ont fait si chèrement payer à la France, et d'allonger et grossir la queue que mon collègue M. Gambetta tient si fort à ne pas couper! (Applaudissements prolongés.)

Pour faire passer le Sénat, si peu républicain que vous savez, il a fallu trouver un mot susceptible de s'accorder avec les secrètes aspirations de ceux qui la composent; ce sera le grand conseil des communes, — mot qui nous rappelle que nous n'avons jamais pu faire sortir de la bouche de l'orateur qui l'a imaginé une parole de blâme contre cette exécrable insurrection communaliste dont les auteurs ont sur la conscience la mort de quarante ou cinquante mille Français, le massacre des otages et un milliard de plus ajouté à notre dette. (Acclamations redoublées.)

De quels éléments se compose donc cette queue inquiétante pour la paix publique ? De quelques exaltés pour lesquels la patrie disparaît devant la République, qui sont prêts à provoquer l'Europe aux cris de vive la République universelle ! de quelques égarés du peuple qui travaille, mais surtout de ce qu'il y a de plus vil et de plus furieux dans cette populace qui forme les bas-fonds de toutes les grandes villes. Ce personnel de l'émeute est l'éternel ennemi du peuple et tout gouvernement doit savoir le contenir et le dompter quand il tente de s'imposer par la force. (Applaudissements.)

Oui, la France est une démocratie, et il faut que les favorisés de la naissance, du travail et de la fortune sachent aller au peuple, prévoir et travailler avec lui et pour lui ; ce peuple-là n'a d'autres limites que l'honnêteté nationale, mais il n'a rien de commun avec la populace, qui n'est que la malpropreté des nations. (Bravos.)

Ah ! on oublie vite en France ! Les hommes qui sont morts pour avoir écouté les instigations malsaines de ceux qui fuyaient à l'heure du danger, n'ont donc rien appris, en tombant, à ceux qui ont survécu ! Ah ! je prévois encore de cruelles journées pour la patrie, quand j'entends un représentant de la France employer son talent à rattacher la queue qu'il se condamne à traîner, comme un boulet, jusqu'au dernier jour de sa vie politique. Vous la retrouvez à l'œuvre dans tous les grands attentats contre la France. Vous la connaissez comme moi : elle s'appelle les massacres de Septembre, les journées de Juin et la Commune ! (Vive sensation.)

Qu'on ne vienne pas dire que de pareilles horreurs sont désormais impossibles. Est-ce qu'il n'y a pas quatre ans à peine qu'au lieu de paroles, c'étaient les canons du Point-du-Jour qui répondaient aux canons de Montmartre ? N'était-ce pas en mai que vous avez vu Paris s'éclairer des plus sinistres lueurs ?

Y a-t-il plus loin de la queue gambèttiste aux bandits de la Commune, qu'il n'y avait loin, en 1871 et même en 1873, de M. Gambetta aux ducs orléanistes du centre droit ? (Bravo ! bravo !).

Dans sa bienveillante allocution, notre président, Messieurs, a parlé de notre isolement en Europe.

Oui, Messieurs, la République nous isole forcément de l'Europe monarchique, pour laquelle nous ne pouvons être qu'une menace ou le plus fâcheux des exemples. Si nous la trouvons préférable à toutes les autres formes de gouvernement, cela ne nous empêche pas de la conserver : mais vous comprenez que lorsqu'un peuple est, par la forme même de sa Constitution, condamné à vivre en Europe à l'état de suspect, tenu en observation par les gouvernements qui l'entourent, le patriotisme l'oblige plus qu'un autre à la plus prudente des circonspections !

Puisque nous sommes entre nous, nous pouvons nous expliquer sans réticences ; je ne vous apprends rien en touchant un mot des bruits de guerre qui, ces jours-ci, ont encore entravé les affaires.

Une voix : Elles ne marchaient déjà pas si bien !

M. Raoul Duval : Une perspective de guerre les arrêterait tout net ! Mais, pour mon compte, je la crois impossible ! Il n'y aura pas, de longtemps, un gouvernement assez insensé pour la vouloir ! Or, pour se battre, entre nations comme entre particuliers, il faut le concours de deux volontés ! Il n'y a que les assassinats et les exécutions où l'on se passe du consentement de la victime ! (Mouvement !)

Qu'est-ce donc qui pourrait nous contraindre à vouloir la guerre ? Les humiliations ! Dans la situation que les événements nous ont faite, elles ne sauraient abaisser le vaincu ; elles n'humilieraient que le vainqueur ! (Marques d'assentiment unanime.)

Mais vous comprenez, messieurs, que la France doit s'observer plus que jamais, et votre patriotisme a dû s'attrister autant que le mien, quand vous avez vu le conseil municipal de Paris choisir pour président, comme la plus exacte expression de ses sentiments, celui de ses membres qui, secouant son bonnet d'avocat, devant le souverain qui venait se faire temporairement l'hôte de la France, le provoquait par ses clameurs malséantes ! (Acclamations et applaudissements prolongés. — La séance reste suspendue de fait pendant quelques instants.)

Un pareil choix, messieurs, peut être républicain ! êtes-vous bien sûr qu'il soit aussi français ? (Nouvelles acclamations.)

Le souverain vénéré de ses sujets, qui n'a pas voulu qu'il restât un serf dans ses vastes Etats a le cœur trop élevé pour garder le souvenir de pareilles offenses. Il voulait, dit-on, sauvegarder l'intégrité de notre territoire, quand la Révolution est venu lui imposer l'abstention. (C'est vrai ! c'est vrai !)

Vous comprendrez facilement, messieurs, que le triomphe de la démagogie serait le prélude de l'intervention des gouvernements coalisés venant éteindre chez nous un foyer de désordres qui menacerait de déborder sur l'Europe. Il ne resterait plus alors aux honnêtes gens, qui n'auraient pas su se concerter et s'unir pour conjurer le danger, que la stérile ressource de se faire tuer pour ne pas voir se consommer le désastre de la patrie.

Seul, le parti de la République conservatrice ou modérée est évidemment impuissant à contenir les éléments dangereux qui forment l'armée de la République radicale et violente.

Si je me trompe, qu'on me cite une seule élection dans laquelle un républicain modéré aurait triomphé d'un concurrent radical.

Voix diverses : Il n'y en a pas !

M. Raoul Duval : Oui, nous avons vu élire des hommes modérés faisant profession de républicanisme, mais seulement quand ils se trouvaient en présence de candidats monarchistes, contre lesquels on a pu exploiter la crainte du drapeau blanc et de l'ancien régime, plus rarement de candidats impérialistes ; mais toutes les fois que la lutte s'est engagée entre républicains, c'est le modéré qui a succombé.

La succession des dernières épreuves électorales nous a démontré que c'était une chimère d'espérer faire une politique d'ordre sans le concours du parti de l'Empire. Puisqu'il a déclaré s'en rapporter au verdict souverain de la nation, c'est chose facile aux moins enthousiastes, voire même aux plus résignés, de s'accorder avec lui. Par contre, il faut que le parti de l'Empire comprenne bien que le temps des vieilles rancunes et des haines d'autrefois est passé ; qu'il lui faut adopter une formule et une ligne politique qui permettent à tout le monde de venir à lui sans s'humilier, sans signer en quelque sorte le renoncement à ses idées de gouvernement, à ses aspirations vers la liberté.

Il faut qu'il prenne comme objectif et comme but, s'il triomphe, de se faire l'éducateur de ce peuple aux pratiques et aux mœurs de la liberté politique, comme il a su implanter chez lui les habitudes de la liberté commerciale. Il ne faut pas que le rétablissement de l'Empire puisse être présenté comme le point de départ de représailles et de proscriptions.

A ce prix les générations nouvelles pourront venir à lui, et se fondre avec ces vieux dévouements, qui sont sa vieille garde et sa force, pour préparer l'avenir.

Il faut que le mot d'ordre de sa politique soit assez large pour toujours permettre à ceux qui se seraient ralliés à lui de servir la France comme elle aura voulu, si elle préfère une autre forme de gouvernement. L'appel au peuple, que les autres partis ont commis la faute de lui laisser comme une sorte de monopole, était le meilleur qu'on pût choisir. Tout le monde peut se courber, en effet, sous la volonté de son pays.

Soumis aux lois, même quand je les ai combattues, quand je les crois défectueuses, c'est dans les limites qu'elles nous imposent que je vous engagerais à poursuivre une manifestation aussi libre et sincère que possible de la volonté nationale.

La Constitution du 25 février nous oblige, jusqu'à ce qu'elle ait été revisée par la volonté du corps électoral, juge d'appel des contractants parlementaires qui l'ont votée. (Applaudissements.) Il faut lui obéir, mais unir tous les honnêtes gens dans une pensée de révision ; la rendre commune par la résolution d'accepter la volonté nationale comme point de départ ou comme sanction de l'œuvre révisionniste.

Assurez-vous, messieurs, qu'il n'y a là rien que de parfaitement droit et légal, et laissez les démagogues crier : Aux factieux ! (Rires et applaudissements.)

Si la politique que je viens de vous tracer pouvait être traitée de factieuse, comment donc qualifier celle qui complote les révolutions à l'abri de nos défaites, envahit les Assemblées législatives, chasse les mandataires du pays, se fait installer gouvernement par l'émeute, et pendant de longs mois dicte ses volontés en traquant le suffrage universel jusque dans ses plus humbles manifestations ? (Acclamations.)

Quand ceux qui ont commis de pareils actes se permettent de traiter les autres de factieux, l'indignation fait bondir les cœurs. (Acclamations répétées.)

Serrons donc nos rangs, messieurs ; comptons toutes les bonnes volontés, appelons à nous tous les courages, et sachons faire notre profit du conseil donné

par mon collègue, M. Gambetta, aidons-nous et le suffrage universel nous aidera.
Le suffrage universel est la plus démocratique expression de la souveraineté nationale. Jusqu'à présent, ses grandes manifestations ont eu pour effet de consolider les assises de la société. Il en sera de même bientôt, si nous savons l'éclairer et lavoir confiance en lui ! (Oui ! oui ! Bravo !) On affecte de le dédaigner, on l'appelle la force brutale du nombre ! Oui, messieurs, mais le nombre éclairé par ses intérêts, éclairé par ceux qui ont souci de son bien-être et de sa moralité. (Très-bien ! très-bien !)

Il faut aller au suffrage universel, s'adresser à toutes ces honnêtetés qui font la conscience du peuple. Que, dans chaque département, chaque arrondissement, chaque canton ; dans chaque commune, dans chacun des quartiers de la grande ville, les braves gens se comptent et se rapprochent, et vous pourrez être tranquilles sur l'avenir de la France.

Si vous voulez mettre un terme à cette apathique et dangereuse indifférence que je vous signalais en commençant, détournez-vous avec mépris de toutes ces compromissions qui conduisent à ne plus discerner le bien du mal. Il n'y a pas deux honnêtetés : ce qui est mal en affaires, est mal en politique, où la fin, pas plus qu'ailleurs, ne justifie les moyens. (Applaudissements.)

La France a vu ceux qui avaient dénié à l'Assemblée le pouvoir de constituer, fabriquer une Constitution, avec une fiévreuse précipitation que l'histoire n'avait pas encore enregistrée ; elle a vu des républicains qui avaient promis de ramener le Gouvernement dans Paris, voter constitutionnellement le maintien des pouvoirs publics à Versailles ; les représentants de Paris voter un Sénat, pour lequel vous fournirez le même nombre de sénateurs que le Nord, à peu près de moitié moins peuplé que la Seine, et moins d'électeurs que le plus pauvre, le moins populeux des départements français. Elle a vu beaucoup de ceux qui s'étaient déclarés les partisans convaincus du système d'une Assemblée unique en organiser deux. Elle les a vus abandonner les droits du suffrage universel au point d'accepter la nomination de 75 sénateurs d'élite inamovibles par une Assemblée expirante. Elle a pu contempler princes et ducs, qui avaient conduit la tentative de restauration, votant la République (Rires et applaudissements.), la République, contre laquelle ils avaient été élus, la République flagellée par la parole de l'honorable M. Bocher, quelques semaines auparavant.

Au spectacle de ces palinodies, la conscience publique s'est lassée. Ne sachant plus en quelle parole se confier, elle s'affaisse, indifférente, et attend son salut du hasard ou des impénétrables décrets de la Providence.

La plus patriotique des besognes, messieurs, est de rendre à la France la confiance en elle-même. — Dites-lui qu'il est encore beaucoup de ses enfants qui l'aiment pour elle, qui placent sa grandeur au-dessus de toutes leurs préférences, de toutes leurs aspirations, comme ce noble et vaillant maréchal Canrobert, qui, le lendemain du jour où le cabinet du 24 mai avait craint de lui confier le commandement de l'armée de Paris, en remplacement de son vieux compagnon d'armes, élevé à la présidence, me disait, les larmes dans les yeux : « Ce qui me peine est d'avoir si longtemps vécu pour la France, sans que l'on sache que je suis prêt à sacrifier une dizaine de dynasties et vingt familles Canrobert pour mon pays ! (Bravos et cris de : « Vive Canrobert !

Dites-lui qu'elle est maîtresse de ses

destinées : l'épée du maréchal de Mac-Mahon vous garantit la liberté de son choix. Si la loyauté du soldat a peine à se défier des habiletés de ces politiques qui marchent dans son ombre, il ne connaît que le devoir. Quoi qu'en aient pu espérer les partis, le duc de Magenta ne sera jamais que l'homme de la France ! (Acclamations redoublées et prolongées. — Cris répétés de : Vive Mac-Mahon !)

Haut les cœurs, Français ! Serrons nos rangs autour du drapeau de la souveraineté nationale ! Si celui qui le porte vient à tomber, qu'un autre le relève ! N'écartons aucun de ceux qui voudront s'y rallier. Sans nous attarder au passé, marchons vers l'avenir, et je vous promets qu'au jour de l'épreuve nous serons légion ! (Acclamations prolongées.)

1285.75. — Boulogne (Seine). — Imp. JULES BOYER.

www.ingramcontent.com/pod-product-compliance
Lightning Source LLC
Chambersburg PA
CBHW061324050726
47595CB00005B/1811